Grundkurs Beichte

Zehn Schritte zur Versöhnung

Grundkurs Beichte

Zehn Schritte zur Versöhnung

benno

Bibliografische Information der Deutschen Bibliothek

Die Deutsche Bibliothek verzeichnet diese Publikation
in der Deutschen Nationalbibliografie;
detaillierte bibliografische Informationen sind im Internet
über http://dnb.ddb.de abrufbar.

ISBN-10: 3-7462-2130-7
ISBN-13: 978-3-7462-2130-4

Stammerstraße 11, 04159 Leipzig
www.st-benno.de
Umschlag: Ulrike Vetter, Leipzig
unter Verwendung eines Bildes von picture-alliance/epd
Gestaltung: Ulrike Vetter, Leipzig
Gesamtherstellung: Kontext, Lemsel

Was du vorher wissen solltest 7

Erforsche dein Gewissen 13

Tipps zum Beichten und Beten 85

THAT WAY
THIS WAY

Was du vorher wissen solltest

»Gott, der barmherzige Vater,
hat durch den Tod
und die Auferstehung seines Sohnes
die Welt mit sich versöhnt
und den Heiligen Geist gesandt
zur Vergebung der Sünden.
Durch den Dienst der Kirche
schenke er dir Verzeihung und Frieden.
So spreche ich dich los
von deinen Sünden
im Namen des Vaters und des Sohnes
und des Heiligen Geistes.«

Mit diesen Worten spricht dich
der Priester frei von deinen Sünden.

Liebe Claudia, lieber Robert, lieber Stefan, liebe Sarah,

... Beichten ist nicht „in". Es wird nicht mehr viel darüber geredet. Und so tauchen dann die meisten jungen Leute nach der Erstkommunion erst wieder vor ihrem Pfarrer im Beichtzimmer auf, wenn es auf die Firmung zugeht, das heißt, wenn sie mehr oder weniger „müssen".
Wir möchten dir dazu sagen: Beichte kann aber keine „Pflicht" sein, genauso wenig wie eine Versöhnung und Umarmung.
Das wissen die, die immer wieder und ganz freiwillig zur Beichte gehen: Beichten heilt, Beichten befreit, gibt Orientierung für unser Leben. Mit einem Wort: es ist einfach ein Geschenk Gottes an uns.

Das haben auch wir erlebt: Ein Pfarrer, eine Ordensschwester und eine Pastoralreferentin – und deshalb haben wir uns an dieses Thema herangewagt. Diese Broschüre ist entstanden, weil wir eine wirkliche Hilfestellung für Jugendliche geben wollten, sich gut auf die Beichte vorzubereiten, um im Sakrament der Versöhnung eine Begegnung mit Jesus zu erfahren.
Die Fragen zum Überprüfen des Lebens (Gewissensspiegel) orientieren sich an den 10 Geboten und an den drei Gesichtspunkten
meine Beziehung zu Gott
meine Beziehung zum Nächsten
meine Beziehung zu mir selbst.

Die „Check up"-Fragen sollen dir helfen, dich ehrlich selber anzuschauen und im Angesicht Gottes dein Leben zu prüfen (zu „checken"). Er schaut dich mit Liebe an und wird ergänzen, was dir noch fehlt.
Das Buch stellt außerdem einen „christlichen Lebensstil" vor. Viele Ratschläge oder Empfehlungen werden daher für dich nur verständlich, wenn du dein Leben als „Christ", das heißt mit Jesus Christus leben willst.
Wir wünschen dir, dass dieses Buch dir eine Hilfe wird – und dass du entdecken kannst, dass es sich lohnt, zur Beichte zu gehen. Wer bereit ist, Gott im Sakrament zu begegnen und sich von ihm heilen zu lassen, dem gilt das Versprechen Jesu:

„Ich bin gekommen, damit sie das Leben haben und es in Fülle haben."

Joh 10,10

Im März 2003

Kurt Gartner	*Bettina Oberhuber*	*Sr. M. Elisabeth Hackenberg SSM*
Pfarrer	*Pastoralreferentin*	*Ordensschwester*

Ich wurde mit so viel Freude erfüllt...

Hallo! Mein Name ist Evi, ich bin 26 Jahre alt, ich wohne und arbeite in München. Ich möchte Euch von meiner persönlichen Erfahrung, die ich durch die Beichte machen durfte, erzählen:
Im Oktober 1999 machte ich eine Wallfahrt mit einigen hundert Jugendlichen zu einer bekannten Gebetsstätte in Bosnien. Der Ort heißt Medjugorie. Ich durfte dort durch die Gnade Gottes die unendliche reine Liebe Jesu in meinem Herzen spüren. Ich finde keine Worte, um diese Liebe zu beschreiben. Die Heilige Schrift spricht immer wieder von der Liebe Gottes. Doch diese Worte sind nur eine Annäherung an die Liebe, mit der uns Gott liebt. Diese Liebe berührte mich so tief im Herzen, dass ich sie kaum ertragen konnte. Ich fühlte mich nicht würdig, als sündhafter Mensch von Gott mit seiner unendlichen, barmherzigen Liebe durchdrungen und erfüllt zu werden. Ich musste bitterlich weinen, weil ich erkannte, wie sehr ich Gott verleugnet und beleidigt hatte durch meine Sünden, die ich hauptsächlich in meiner Jugendzeit begangen hatte. Und nun war der Zeitpunkt gekommen, mich mit Gott zu versöhnen und ihn um Verzeihung zu bitten. Er trug schließlich auch für meine Sünden das schwere Kreuz und starb für mich, um mir die Erlösung zu schenken.
Ich bereitete mich auf die Beichte vor und musste etwa zwei Stunden warten, bis ich endlich dran war, denn es

warteten viele Menschen vor dem Beichtstuhl. Als nur noch eine Person vor mir war, bekam ich es mit der Angst zu tun und ich wollte schon fast kneifen. Aber ich dachte mir dann: Wenn du schon Mist gebaut hast, dann musst du auch den Mumm aufbringen und es wiedergutmachen. Also packte ich all meinen Mut zusammen und blieb. Als ich dann schließlich dran war, dauerte es etwa 40 Minuten, bis ich aus dem Beichtstuhl wieder herauskam. Als der Priester mir die Lossprechung gab, war mir klar, dass Gott mir nun alle meine Sünden vergibt. Jesus hat dem Priester die Vollmacht geschenkt, in seinem Namen die Sünden zu vergeben. Denn es heißt in der Bibel: „Wem ihr die Sünden vergebt, dem sind sie vergeben" (Joh 20,23).
Die Last, die ich vor der Beichte noch in meinem Herzen spürte, war wie weggeblasen und ich wurde mit so viel Freude erfüllt, dass ich fast einen Luftsprung gemacht habe, als ich den Beichtstuhl verließ.
Seit dieser Zeit gehe ich regelmäßig im Abstand von vier bis sechs Wochen zur Beichte, um mich mit Gott zu versöhnen und seine Vergebung zu bekommen.
Ich habe mich einer kirchlichen Gemeinschaft von jungen Erwachsenen angeschlossen. Wir wollen unsere Erfahrung mit Gott weitergeben, im Alltag – und z. B. bei Jugendgottesdiensten und in der Firmvorbereitung.

Die Beichte in der Nacht

Das Telefon reißt mich aus dem Schlaf. Es ist zwei Uhr nachts. Die Nachtschwester im Krankenhaus teilt mir mit, dass eine Patientin nach einem Priester verlangt. Die todkranke Frau hat Lungenkrebs und kann jede Stunde wieder einen Blutsturz bekommen und sterben. Ich nehme in der Kirche den Leib des Herrn mit mir und eile ins Krankenhaus.
Wenig später stehe ich vor der sterbenden Frau. Die Frau kann nur mehr sitzen und atmet schwer. Ihre großen, vom Tode gezeichneten Augen schauen in die meinen und sie fragt mich: „Glauben Sie an die Ewigkeit?“ – Ich bin aus dem Schlaf gerissen und noch ganz benommen. Die Frage der Frau stellt mich und mein ganzes Leben unmittelbar vor Gott. Nach einigen Momenten sage ich in diese Augen hinein, wie ein Armer, ich bekenne: „Ich glaube an Gott und seine Ewigkeit.“ Darauf die Frau: „Dann möchte ich beichten.“
Ich segne sie, und sie beginnt ihr Bekenntnis. Um Luft ringend, mit großer Mühe und mit Ausruhphasen bringt sie eine ganze Stunde lang ihr Leben vor Gott. Im Laufe dieser mühevollen Beichte, in diesem Miteinander, habe ich tief in mir den Eindruck, dass Gott uns ganz nah ist und alles ganz und gar gut ist. Er ist da. Wir sind wie in einem Licht. Schließlich bete ich für sie und gebe ihr die Lossprechung: „Gott, der barmherzige Vater, hat

durch den Tod und die Auferstehung seines Sohnes die Welt mit sich versöhnt ..." Sie empfängt den Leib Christi, einen Splitter der Hostie kann sie nehmen.
Nach der Lossprechung und dem Empfang der Eucharistie ist so viel Heilsein in ihr zu spüren, dass ich etwas ganz Unvernünftiges zu dieser Frau sage, nämlich: „Jetzt schlafen Sie gut!" Sie konnte ja offensichtlich nur noch sitzend und mit Mühe atmen, unterstützt mit Sauerstoff, ständig vom Ersticken bedroht ... Wie konnte ich so etwas Sinnloses aussprechen vor diesem todkranken Menschen, dachte ich, als ich mich verabschiedet hatte und die Treppe hinunterging.
Am Morgen darauf zog es mich schon früh wieder zu dieser Kranken, um ihr noch beizustehen. Wird sie noch leben? Ich fand sie liegend und mit einem Gesicht, das ich nie vergessen werde: so frei und lebendig, als ob sie jetzt gesund würde. Sie strahlte mich an und sagte: „Ich habe die ganze Nacht geschlafen – und, Herr Pfarrer, jetzt bin ich ganz bereit!" Ich spürte ihr Gottvertrauen. Sie dankte noch von Herzen für den Empfang des Sakramentes und mein Kommen. – Ich hatte noch einiges zu tun und als ich gegen Mittag noch einmal nach ihr schauen wollte, kam mir die Pflegerin entgegen: „Sie ist vor einer Stunde verschieden."
Diese Beichte in der Nacht ist schon Jahrzehnte her. Ich habe sie nicht vergessen, weil ich in ihr – und immer wieder – erfahren habe, wie Gott in diesem heiligen Sakrament der Versöhnung anwesend ist und uns erlöst.

Pfarrer Kurt Gartner

Beichte – gut zu wissen

DIE SACHE MIT DER SÜNDE

„Was soll ich bloß beichten?“, fragt sich so mancher und geht davon aus, er sei ja doch ein ganz cooler Typ, ganz o. k. so. Doch mal ganz ehrlich: Hat nicht jeder seine Schwächen und Fehler, die andere auch sehr belasten können? Und kennt nicht jeder die Gefahr, dem Bösen nachzugeben? Und warum wird unser Gewissen manchmal unruhig? Heute tut man so, als ob es keine Sünde gäbe. Doch die Heilige Schrift sagt uns: „Wenn wir sagen, dass wir keine Sünde haben, führen wir uns selbst in die Irre, und die Wahrheit ist nicht in uns“ (1 Joh 1,8).

Sehend werden

Viele Menschen, die Christen geworden sind, haben später bekannt, dass sie wie blind waren für ihre Sünde. Die Gleichgültigkeit gegenüber Gott kann uns blind machen, vor allem unser innerer Widerstand gegen die Wahrheit. Der Zeitgeist sagt uns, wir können selber bestimmen, was wahr ist, was Sünde ist und was nicht. Wir sind dann wie im Dunkeln. Wenn wir aber den Lichtstrahl der Liebe Gottes in unser Herz lassen, sein WORT, dann beginnt es, in uns hell zu werden. Ja, es ist tatsächlich so: Je mehr wir uns Gott nähern, uns ihm öffnen, desto klarer sehen wir dann auch, dass wir wirklich „Sünder" sind. Diese Klarheit ist dann wie ein Schmerz in uns. Aber die Traurigkeit, die Reue, die wir da empfinden, wenn wir im hellen Licht Gottes die Finsternis unseres Herzens sehen, sie führt uns zum wahren Leben.
„Sucht mich, dann werdet ihr leben" (Am 5,4), verspricht Gott. Wenn wir vor ihm zugeben, dass wir etwas falsch gemacht haben, tut Gott nichts lieber, als uns wieder aufzunehmen wie der Vater seinen verlorenen Sohn: „Wenn wir unsere Sünden bekennen, ist er treu und gerecht, er vergibt uns die Sünden und reinigt uns von allem Unrecht" (1 Joh 1,9).

„Um aber ihr Werk zu tun, muss die Gnade die Sünde aufdecken, um uns zu bekehren. Wie ein Arzt die Wunde untersucht, bevor er sie verbindet, so wirft Gott durch sein Wort und seinen Geist ein helles Licht auf die Sünde." (Katechismus der Kath. Kirche – KKK Nr. 1848)

THIS WAY
THAT WAY
THIS WAY

Sünde trennt

Die Bibel lehrt uns: Sünde und Schuld haben immer etwas Trennendes an sich. Schon gewisse Lieblosigkeiten und Unwahrheiten stören unsere Beziehung zu Gott und den Mitmenschen. Gemeinschaft ist verletzbar – leider auch zerstörbar.
Vielleicht hast du so etwas selbst schon erlebt: Wer lügt, betrügt, stiehlt, Gewalt anwendet oder jemanden im Stich lässt, der verletzt tief das Vertrauen seiner Mitmenschen. Die Beziehung zu ihnen ist wie eine Brücke, die durch sein Verhalten schwer beschädigt oder sogar durchgebrochen ist. Die Sünde trennt uns voneinander.
Mit unserer Beziehung zu Gott ist es ähnlich: Es gibt Sünden, die fügen unserer Beziehung zu Gott Schaden zu, verwunden sie – doch unsere Beziehung und Liebe zu ihm bleiben in unserem Herzen bestehen. Man spricht deshalb auch von „Wundsünden", die auch „lässliche Sünden" genannt werden.

Anders ist es bei einer schweren Sünde, einer so genannten Todsünde, durch die die Liebe im Herzen eines Menschen zerstört wird. Durch eine solche Sünde, bei der ein Mensch aus freiem Willen und mit klarer Erkenntnis Gottes Heiligkeit missachtet und gegen den Kern seiner Gebote handelt, kann es geschehen, dass er seine Beziehung zu Gott abbricht.
Es ist erschütternd, dass der Mensch, den Gott aus Liebe als sein Ebenbild erschaffen hat, sich von Gott trennen kann. Aber unsere Freiheit ist tatsächlich so groß und ebenso auch unsere Verantwortung.

Sünde und Gemeinschaft

Jede Sünde betrifft unsere Beziehung zu Gott und zugleich unsere Gemeinschaft mit den Mitmenschen. Die Kirche ist eine Gemeinschaft von Menschen, die zu Gott eine Beziehung haben, die an ihn glauben. Paulus

sagt, dass diese Glaubensgemeinschaft der „Leib Christi" in dieser Welt ist, eine „Gemeinschaft des Heiligen Geistes". Jedes Gebet, jeder gute Gedanke und jede gute Tat, ja jedes ehrliche Sündenbekenntnis stärkt und heilt den ganzen Leib. Doch jede Sünde in unserem Herzen und in unserem Tun, jede Unwahrheit und Lieblosigkeit und jede Unversöhnlichkeit schwächt unsere Glaubensgemeinschaft, den Leib der Kirche.
Wenn jemand sehr schwer sündigt und sich von Gott trennt, trennt er sich auch von der Gemeinschaft der Kirche und fügt dem Leib Christi eine Wunde zu. Jedoch, Gottes Liebe geht uns nach. „Wenn wir untreu sind, bleibt Er doch treu" (2 Tim 2,13a). Er sucht uns und ruft uns zurück.

Woher kommt die Sünde?

Wir erfahren schon auf der ersten Seite der Bibel: Der Mensch – man kann sagen: die Menschheit – hat schon am Anfang gesündigt. Die Bibel berichtet uns von diesem Anfang der Menschheit in Bildern (nachzulesen in Genesis, Kapitel 1–4).
Gott hat den Menschen aus Liebe als sein Ebenbild erschaffen. Der Mensch war im Paradies, das heißt in Harmonie mit seinem Schöpfer und seinem Mitmenschen. Diese Harmonie, dieses Urvertrauen zu Gott und dem Mitmenschen, wurde durch die Sünde des Menschen gebrochen. Wir nennen diese Sünde Ursünde. In der Ursünde hat sich der Mensch von Gott abgewandt, er

wollte selbst „sein wie Gott“ (Gen 3,5). Er zog sich selbst Gott vor und missachtete damit Gott. Dazu wurde er durch das Misstrauen verführt, das „die Schlange“, eine widergöttliche Stimme, in seinem Herzen gegen Gott wecken konnte. Die Heilige Schrift nennt diese Stimme den Versucher, Teufel oder Satan.

Der Anfang des Bösen

Was du jetzt gehört hast, wirft in uns allen tiefe Fragen auf. Woher kommt dieses Böse? Wer ist dieser Versucher? Gott hat die Welt doch gut erschaffen! Warum hörten Adam und Eva diese widergöttliche Stimme im Paradies? Und wird nicht der Mensch bis heute durch diese Stimme versucht, der Liebe Gottes zu misstrauen?
Der Katechismus der Katholischen Kirche sagt uns unter Nr. 414: „Satan oder der Teufel und die weiteren Dämonen waren einst [von Gott geschaffene] Engel, sind aber abgefallen, weil sie sich aus freiem Willen weigerten, Gott und seinem Ratschluss zu dienen. Ihre Entscheidung ist endgültig. Sie suchen, den Menschen in ihren Aufstand gegen Gott hineinzuziehen.“
Im Bericht vom Sündenfall verlockt der Versucher die Menschen mit dem Wort: „Ihr werdet sein wie Gott“ (Gen 3,5), nachdem er vorher schon in lügnerischer Weise Misstrauen gesät hat gegenüber dem Schöpfergott. „Der Teufel ist der Vater der Lüge“, sagt Jesus (Joh 8,44). Die Heilige Schrift bezeugt den unheilvollen, trennenden

Einfluss des Versuchers auf die Wege des einzelnen Menschen und der menschlichen Gemeinschaft. Er hat sogar versucht, Jesus von seiner vom Vater erhaltenen Sendung abzubringen (Mt 4,1–11). Aber „der Sohn Gottes ist erschienen, um die Werke des Teufels zu zerstören" (1 Joh 3,8). Die Kirche fragt den Taufbewerber vor der Taufe: *„Widersagst du dem Satan, dem Urheber des Bösen?"* Der Taufbewerber antwortet: *„Ich widersage."* Die Kirche fragt: *„Glaubst du an Gott?"* Der Taufbewerber: *„Ich glaube."* Damit stellt er sich neu auf die Seite Gottes (vgl. Gotteslob Nr. 47,8 und 9).

Der Anfang des Bösen ist für uns letztlich unbegreiflich. Aber eines wissen wir im Hinblick auf dieses „Geheimnis des Bösen", wie es die Kirche nennt: Das Böse besteht darin, dass die große Gabe der Freiheit, die uns zur Liebe erst fähig macht, gegen die Liebe missbraucht wird. Maria, die Mutter Jesu, hat in dieser Freiheit neu Ja gesagt zu Gott und seinem heiligen Willen. Diesen Weg gehen wir durch die Taufe.

Die Erbsünde in der Welt und in unserem Leben

Seit der Ursünde ist die Beziehung des Menschen zu Gott gestört, aber auch die Beziehung zwischen Mensch und Mensch. Die Liebe ist verwundet, und die Sünde ist in der Welt. Jeder Mensch ist in seinem Herzen zur Sünde geneigt.
An diesem Zustand der Welt und des Menschen leiden wir alle. Die ganze Menschheitsgeschichte ist belastet durch die Macht der Sünde und durch Schuld.
Die Bibel sagt uns ausdrücklich, dass auch Krankheit, Leiden und Tod Folgen jener Störung sind, die durch die Sünde entstanden ist. Gott hat Krankheit und Tod nicht geschaffen.
Die Natur und die ganze Schöpfung sind von Anfang an in Mitleidenschaft gezogen durch die Abwendung der Menschen und bestimmter Engel von der Liebe Gottes.

Die Katholische Kirche nennt den Mangel bzw. die „Wunde" in der Welt und in unserem menschlichen Leben „Erbsünde", weil diese Störung von Adam und Eva ihren Nachkommen, das heißt uns allen, weitergegeben wurde. Doch von Anfang an hat Gott dem Menschen eine große Hoffnung gegeben. Der Katechismus der Kirche sagt: „Nach seinem Fall wurde der Mensch von Gott nicht aufgegeben. Im Gegenteil, Gott ruft ihn und kündigt ihm auf geheimnisvolle Weise den Sieg über das Böse und die Erhebung aus seinem Fall an" (Nr. 410). „Wo die Sünde mächtig wurde, da ist die Gnade übergroß geworden", schreibt der Apostel Paulus im Römerbrief (5,20) im Glauben an Christus.

Ist Gott schuld?

Wenn wir in der Welt Krankheit, Schmerz und Tod erleben oder Ungerechtigkeit erleiden, wird unser Glaube oft tief geprüft. Wir können versucht werden, an der Liebe Gottes zu zweifeln, ihm zu misstrauen – ihn anzuklagen. Dazu will uns auch heute ständig neu die widergöttliche Stimme verführen und uns so von der Liebe Gottes trennen. Christus, der Sohn des lebendigen Gottes, hat aber mit uns alles erlitten und hilft uns, uns mitten im Schmerz der Liebe des Vaters anzuvertrauen, so wie er es sterbend getan hat.
„Gott ist Licht und keine Finsternis ist in ihm", sagt der erste Johannesbrief (1,5). Die Heilige Schrift stärkt unseren Glauben und bezeugt schon im Alten Testament:

„Gott hat den Tod nicht gemacht und hat keine Freude am Untergang der Lebenden ... Doch durch den Neid des Teufels kam der Tod in die Welt“ (Weish 1,13; 2,24).

Wohin mit unserer Schuld?

Wenn wir sündigen und schuldig werden, legt sich auf unser Herz eine Last. Wohin mit unserer Schuld? Wenn Schuld verdrängt wird, gärt sie in uns weiter, sie kann sogar unser ganzes Leben vergiften. Sie ist wie ein Haufen Müll, der anfängt zu stinken. Wenn es in deinem Herzen aussieht wie in einem Zimmer voller Müll, hat niemand sonst mehr darin einen Platz – und auch du selbst wirst dich nicht mehr darin wohlfühlen.
Ist nicht die ganze Welt so ein „Zimmer“, in dem sich sehr viel Schuld angesammelt hat und ansammelt? Ist diese Schuld nicht wie eine Mauer, die uns einschließt und uns vom wahren, freien Leben trennt?

Die frohe Botschaft ist: Gott hat diese Mauer durchbrochen! Er hat einen „Ausweg“ in die Freiheit geschaffen. Er selbst ist gekommen, hat seinen Sohn gesandt, der durch sein Leben und Sterben die Sünde der Welt „auf sich genommen hat“.
Jesus wurde selbst am Kreuz in dieser Welt von der Sünde durchbohrt und hat gebetet: „Vater, vergib ihnen ...“ Er hat sich vom Vater in diesem furchtbaren Schmerz und in seiner Verlassenheit nicht trennen lassen und sterbend gesagt: „Vater, in deine Hände lege ich mein Leben.“ Seine Liebe ist unsere Rettung. Der Name „Jesus“ bedeutet „Gott rettet“.
Jesus Christus ist das „Lamm, das die Sünde der Welt hinwegnimmt“. Damit hat er die Beziehung zu Gott und zu den anderen, die „zerstörte Brücke“, wiederhergestellt.

Auch dir macht er sein Angebot: Alles Zerstörte in deinem Leben, all deine Schuld, alles was dich belastet, möchte er erneuern, reinigen und wiederherstellen. Du musst nur „Ja“ dazu sagen. Lass dich von ihm erlösen!

Jesus hat durch seinen Tod am Kreuz unsere Sünden weggenommen. So hat er den Tod besiegt!

Der beste Weg, das zu erleben, ist die Beichte, die „Feier der Versöhnung“. Der Priester spricht dich im Namen Jesu von den Sünden frei.
In der Beichte wird deine Taufe erneuert.

Die Taufe und das Geschenk der Beichte

In der Taufe werden wir mit Christus vereinigt, mit seiner Liebe am Kreuz und mit der Macht seiner Auferstehung. Wir werden „wiedergeboren aus dem Wasser und dem Heiligen Geist“, wie Jesus gesagt hat (Joh 3,5). Die Taufe „tilgt“, überwindet die Erbsünde. Das heißt, wir werden „der Macht der Finsternis entrissen“ (Kol 1,13) und wieder Söhne und Töchter Gottes. Dem jugendlichen und erwachsenen Taufbewerber werden bei der Taufe auch alle persönlichen Sünden vergeben. Es verbleibt nichts, was den Getauften am Eintritt ins Reich Gottes hindern würde.

Jedoch bleiben in uns nach der Taufe noch gewisse „zeitliche Folgen“ der Sünde: Leiden, Krankheit, Tod, Gebrechen und auch die Neigung zur Sünde und zum Misstrauen in unserem Herzen. Jeden Tag geht es deshalb darum, so wie bei der Taufe das Böse und das Misstrauen zurückzuweisen und uns von ganzem Herzen für das Gute und das Vertrauen zu Gott zu entscheiden. Die Kraft zu diesem Kampf um den Glauben und um das Gute, den Heiligen Geist, empfangen wir durch Taufe und Firmung.

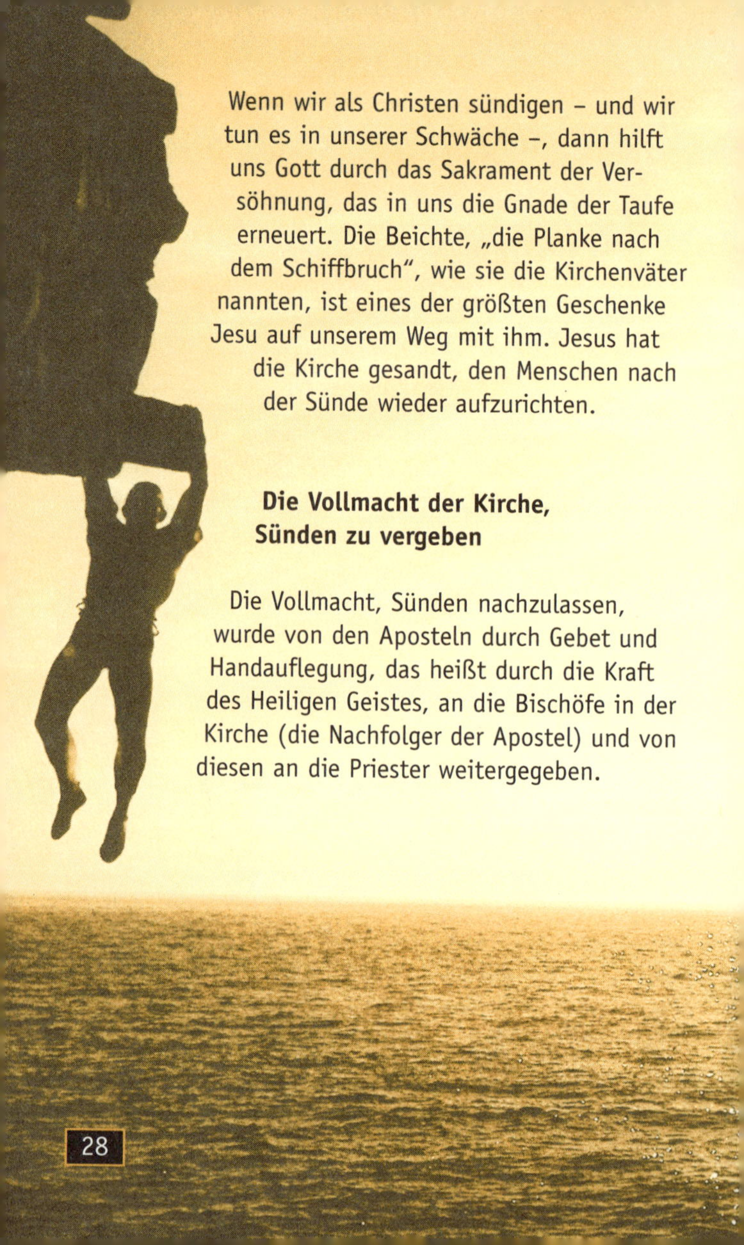

Wenn wir als Christen sündigen – und wir tun es in unserer Schwäche –, dann hilft uns Gott durch das Sakrament der Versöhnung, das in uns die Gnade der Taufe erneuert. Die Beichte, „die Planke nach dem Schiffbruch", wie sie die Kirchenväter nannten, ist eines der größten Geschenke Jesu auf unserem Weg mit ihm. Jesus hat die Kirche gesandt, den Menschen nach der Sünde wieder aufzurichten.

Die Vollmacht der Kirche, Sünden zu vergeben

Die Vollmacht, Sünden nachzulassen, wurde von den Aposteln durch Gebet und Handauflegung, das heißt durch die Kraft des Heiligen Geistes, an die Bischöfe in der Kirche (die Nachfolger der Apostel) und von diesen an die Priester weitergegeben.

Nach seiner Auferstehung hat Jesus seinen Jüngern die Vollmacht gegeben, in seinem Namen Sünden nachzulassen. Wir lesen im Johannesevangelium:

„Am Abend dieses ersten Tages der Woche, als die Jünger aus Furcht vor den Juden die Türen verschlossen hatten, kam Jesus, trat in ihre Mitte und sagte zu ihnen: Friede sei mit euch! Nach diesen Worten zeigte er ihnen seine Hände und seine Seite. Da freuten sich die Jünger, dass sie den Herrn sahen. Jesus sagte noch einmal zu ihnen: Friede sei mit euch! Wie mich der Vater gesandt hat, so sende ich euch! Nachdem er das gesagt hatte, hauchte er sie an und sprach zu ihnen: Empfangt den Heiligen Geist! Wem ihr die Sünden vergebt, dem sind sie vergeben; wem ihr die Vergebung verweigert, dem ist sie verweigert.“

Joh 20,19–23

„Das kann ich doch meiner besten Freundin erzählen – warum muss ich denn da zur Beichte gehen?“, fragen sich heute viele junge Menschen, die auf dem Weg zur Firmung nach langer Zeit wieder mit dem Thema Beichte zu tun haben. Oder: „Warum kann ich das nicht mit mir selber ausmachen?“
Millionen von Menschen haben es im Lauf der Jahrhunderte erfahren: Beichten befreit, Beichten ist ein Neuanfang. Für manche brachte ein gutes Beichtgespräch in ihrem Leben eine Wende, nachdem sie lange Zeit auf der Stelle getreten waren, Schuldgefühle hatten, mit einem Problem nicht fertig wurden, belastet oder unzufrieden mit sich selber waren. Für andere, die schon regelmäßig gingen, war die Beichte immer eine Stärkung auf ihrem Weg mit Gott. Kein Wunder, begegnet uns doch Jesus selbst in diesem Zeichen, in dem heiligen „Sakrament“, er legt uns seine Hände auf und vergibt uns unsere Schuld.

Geh zu Jesus

Jesus hat für uns gelitten, und er hat seinen Mördern vergeben. Er hat alles Böse mit seiner Liebe überwunden. Wenn der Priester dich im Namen Jesu von den Sünden freispricht, geschieht etwas in deinem Innersten. Jesu Liebe, seine Vergebung und seine Kraft kommen in dein Leben. Selbst das Schlechte kann Christus zum Guten wenden, wenn du es ihm gibst.

Natürlich kannst du auch mit einem guten Freund über deine Probleme reden; aber Gottes Vergebung und Hilfe im Bußsakrament zu empfangen, bedeutet in jedem Falle mehr als bloß ein Gespräch.

Beichten heilt

Wer sündigt, ist meist selbst verletzt worden. Wenn du eine Enttäuschung erlebt hast, allein gelassen wurdest, dich ungerecht behandelt fühltest – das alles hinterlässt Wunden in deinem Herzen, die erst heilen müssen. „Zeit heilt Wunden“, heißt ein Sprichwort, das aber leider meist nicht stimmt. Im Gegenteil, wer nicht von Herzen vergeben konnte, in dem können Hass und Bitterkeit wachsen. Tröstlich, dass es da einen gibt, der wirklich an unser Herz „herankann“: Wie ein guter Arzt kann Gott unsere Wunden heilen – bei ihm ist nichts unmöglich! Nicht die Zeit heilt Wunden, GOTT heilt Wunden!

Beichten befreit

Und wenn ich wieder versage und falle ...?!
Eine regelmäßige Beichte kann helfen, dass du dieselben Fehler nicht immer wieder machst, weil du dir über die Absichten deines Handelns klarer wirst.
Im KKK Nr. 1458 kannst du lesen: „... Das regelmäßige Bekenntnis unserer lässlichen Sünden ist für uns eine Hilfe, unser Gewissen zu bilden, gegen unsere bösen Neigungen anzukämpfen, uns von Christus heilen zu lassen und im geistigen Leben zu wachsen. Wenn wir in diesem Sakrament öfter das Geschenk der Barmherzigkeit Gottes empfangen, wird es uns drängen, selbst barmherzig zu sein wie er."
Manchmal sind auch wir zu sehr abhängig von Menschen und Gewohnheiten. Seine Liebe hat die Kraft, alle Ketten zu sprengen.
Manchmal werden wir im Herzen bedrängt von Versuchungen, Maßlosigkeit (Sucht), Unversöhnlichkeit, negativen und bösen Gedanken. Das aufrichtige Bekenntnis dieser Bedrängnisse in der Beichte ist ein Weg zur Befreiung. Durch unser entschiedenes Bekennen trennen wir uns von der Sünde und ihrer Macht.

Wer sich eingelassen hat mit okkulten Praktiken, mit Horoskopen, Kartenlegen, Handlesen, Wahrsagerei, Geisterbeschwörungen usw., wird in der Beichte von den negativen Folgen dieser Sünden befreit, wenn er sie bekennt und sich vor Gott ausdrücklich trennt von jedem Götzendienst.

Beichten gibt Orientierung

Irgendwie hast du ein mulmiges Gefühl dabei – aber das tun doch alle, und im Fernsehen ist es auch an der Tagesordnung. War das, was du getan hast, nun richtig oder falsch?
Wenn Zweifel dich plagen oder wenn du Fragen hast, kannst du auch die mit einem Priester besprechen – dann wird dir sicher einiges klarer, und du lernst mit der Zeit, besser auf die Stimme Gottes zu hören, der in deinem Herzen zu dir spricht. Lies dazu noch den Text über das Gewissen auf Seite 36.

Vergebung an jedem Tag

Von Anfang an haben die Christen jeden Tag Gott für seine Liebe gepriesen und um Vergebung für ihre täglichen Sünden gebeten. Sie wussten, Gott reinigt ihr Herz, wenn sie darum bitten: „Vergib uns unsere Schuld, wie auch wir vergeben unseren Schuldigern." Bei dieser Bitte aus dem Vaterunser ist allerdings die Vergebung für den Mitmenschen nicht wegzudenken, wenn du Gott um Vergebung für deine eigenen Sünden bittest.
Zu Beginn eines jeden Gottesdienstes bittet die Gemeinde Gott um Vergebung. Wir sollten das auch täglich beim persönlichen Abendgebet tun.

Unser Herz wird gereinigt und geheilt, wenn wir

- Werke der Liebe tun
- um Wiedergutmachung aufrichtig bemüht sind
- die Folgen unserer Fehler und Sünden annehmen
- die Mühsal eines jeden Tages geduldig ertragen.

Wie oft sollen wir das Bußsakrament empfangen?

„Das Bekenntnis der alltäglichen Fehler, der lässlichen Sünden, ist genau genommen nicht notwendig, wird aber von der Kirche nachdrücklich empfohlen" (KKK Nr. 1458). Die Kirche lehrt, dass es gut und heilsam ist, von Zeit zu Zeit alle unsere Sünden im Bußsakrament vor Gott zu bringen, z. B. vor den großen Festen im Kirchenjahr. Das

regelmäßige Beichtgespräch mit demselben Priester ist eine wichtige Hilfe für unseren christlichen Weg.
Bei einer schweren Sünde, die jemanden von Gott und der Kirche trennt, soll der Christ, sobald er kann, das Bußsakrament empfangen.
Die Christen der frühen Kirche wussten: Glaubensabfall, Mord, Abtreibung, Ehebruch und andere schwere Sünden gegen die Liebe und gegen die Ehre Gottes finden Vergebung, wenn der Sünder vor Gott und der Kirche ein Bekenntnis ablegt und zu Umkehr und Buße bereit ist. Nach einem oft jahrelangen Weg der Erneuerung wurden dann die „Büßer" vor dem Osterfest mitten in der Gemeinde von ihren Sünden freigesprochen und dadurch wieder ganz in die Gemeinschaft der Kirche, der Brüder und Schwestern aufgenommen. Ihre Taufe wurde so erneuert.

„... Es [das Bußsakrament] heilt denjenigen, der wieder in die kirchliche Gemeinschaft aufgenommen wird, und übt auch einen belebenden Einfluss auf das Leben der Kirche aus, die unter der Sünde eines ihrer Glieder gelitten hat."
Nr. 1469 aus dem Katechismus der Katholischen Kirche

Die Beichte endet meist mit dem Gebet: Gelobt sei Jesus Christus in Ewigkeit. Amen.

Ja, gelobt seist du, Jesus, dass du jeden Menschen, der guten Willens ist, befreist von Sünde und Tod und den Weg öffnest zu einem neuen Leben mit dir.

Dein Gewissen

Du kennst die innere Stimme, die dich nach einer schlechten Tat mahnt oder dir nach einer guten Handlung Mut und Freude macht. Wir nennen diese innere Stimme das Gewissen. In der Stimme des Gewissens kann Gott zu uns sprechen, den wir durch gläubige Menschen kennengelernt haben. Das Gewissen ist wie ein Spiegel, der uns zeigen kann, wie wir vor Gott wirklich sind.

Manchmal willst du die Stimme des Gewissens nicht hören, weil die Wahrheit dir unangenehm ist. Jeder von uns neigt zu diesem Widerstand gegen sein Gewissen. Und so machen wir uns etwas vor.

Aber kein Mensch wird glücklich, wenn er sein Gewissen unterdrückt. Gott will unser Glück, er will und kann uns glücklich machen. Er ist der Gute Hirte für unser Leben. Seine Gebote sind Wegweiser, die uns einen guten Weg, den „Pfad zum Leben“ zeigen sollen.

Manchmal hörst du die Stimme des Gewissens ganz leise in dir, aber doch klar. Du kannst diese leise, klare Stimme Gottes in dir überhören, wenn du ihr nicht folgen willst. Du bist frei!

Aber auf wen hörst du dann? Auf die Meinungsmacher in Zeitschriften oder im Fernsehen? Oder auf das, was Menschen sagen, die nicht auf Gott hören? In manchem Film wird die Sünde schön bekleidet und sogar verherrlicht.
Es gibt auch eine böse Macht, die uns das Falsche und Gottlose anziehend und sympathisch erscheinen lässt. Jesus sagt: „Der Teufel ist der Vater der Lüge" (Joh 8,44). Diese Macht der Lüge möchte uns von Gott und vom Guten wegziehen.
Du kannst Gott bitten, dass du nicht auf sie hereinfällst und dass sie deinem Leben keinen Schaden zufügt. Bitte immer wieder um das Licht seines Heiligen Geistes, damit du unterscheiden kannst zwischen dem, was von Gott ist, und dem, was dem heiligen Wesen Gottes widerspricht.

In der „Gewissenserforschung" denken wir in der Stille vor Gottes Angesicht über uns und unser Leben nach.

Du zeigst mir den Pfad zum Leben.
Ps 16,11

„Ich bin halt so ...“

sagen viele und lehnen es ab, über sich selber nachzudenken. Pech für die Mitmenschen, die das aushalten müssen. Das Evangelium Jesu lehrt uns etwas anderes: Wir dürfen die Hoffnung haben, dass wir durch seinen Heiligen Geist zu neuen Menschen werden, die fähig sind, andere wirklich zu lieben. Wer mit Jesus geht, der wird sich auch persönlich weiterentwickeln. Im „Trainingsprogramm“ Gottes ist enthalten, dass wir zu besseren – erlösten Menschen werden. Mit wem man Umgang hat, dem wird man auch immer ähnlicher. „Wenn wir auf ihn schauen, werden wir in sein Bild verwandelt, von Herrlichkeit zu Herrlichkeit“, sagt Paulus über unsere Beziehung zu Gott (vgl. 2 Kor 3,18). Na, wenn das keine Aussichten sind!

**Atme in mir,
du Heiliger Geist,
dass ich Heiliges denke.
Treibe mich,
du Heiliger Geist,
dass ich Heiliges tue.
Locke mich,
du Heiliger Geist,
dass ich Heiliges liebe.
Stärke mich,
du Heiliger Geist,
dass ich Heiliges hüte.
Hüte mich,
du Heiliger Geist,
dass ich das Heilige
nimmer verliere.**

Dem hl. Augustinus zugeschrieben

Sende aus deinen Geist
und alles wird neu geschaffen werden
und du wirst das Angesicht der Erde erneuern!

Wie Jesus die Umkehr sieht

Jesus sagte: Ein Mann hatte zwei Söhne. Der jüngere von ihnen sagte zu seinem Vater: Vater, gib mir das Erbteil, das mir zusteht. Da teilte der Vater das Vermögen auf. Nach wenigen Tagen packte der jüngere Sohn alles zusammen und zog in ein fernes Land. Dort führte er ein zügelloses Leben und verschleuderte sein Vermögen. Als er alles durchgebracht hatte, kam eine große Hungersnot über das Land, und es ging ihm sehr schlecht. Da ging er zu einem Bürger seines Landes und drängte sich ihm auf; der schickte ihn aufs Feld zum Schweinehüten. Er hätte gern seinen Hunger mit den Futterschoten gestillt, die die Schweine fraßen; aber niemand gab ihm davon. Da ging er in sich und sagte: Wie viele Tagelöhner meines Vaters haben mehr als genug zu essen, und ich komme hier vor Hunger um. Ich will aufbrechen und zu meinem Vater gehen und zu ihm sagen: Vater, ich habe mich gegen den Himmel und gegen dich versündigt. Ich bin nicht mehr wert, dein Sohn zu sein; mach mich zu einem deiner Tagelöhner. Dann brach er auf und ging zu seinem Vater. Der Vater sah ihn schon von Weitem kommen, und er hatte Mitleid mit ihm. Er lief dem Sohn entgegen, fiel ihm um den Hals und küsste ihn. Da sagte der Sohn: Vater, ich habe mich gegen den Himmel und gegen dich versündigt; ich bin nicht mehr wert, dein Sohn zu sein. Der Vater aber sagte zu seinen Knechten: Holt schnell das beste Gewand, und zieht es ihm an, steckt ihm einen Ring an die Hand, und zieht ihm Schuhe an. Bringt das Mastkalb her, und schlachtet es; wir wollen essen und fröhlich sein.

„Denn mein Sohn war tot und lebt wieder;
er war verloren und ist wiedergefunden worden.
Und sie begannen, ein fröhliches Fest zu feiern.“

Lk 15,3; 11–24

Erforsche dein Gewissen

Wer die Wahrheit sucht,
der sucht Gott,
ob es ihm klar ist
oder nicht.

Edith Stein

Gebet vor der Gewissenserforschung

Mein Gott und Vater!

Der verlorene Sohn ist umgekehrt, zurück zu seinem Vater. So komme auch ich zu dir, mein Gott, wohin sollte ich sonst gehen?
Ich komme zu dir mit meinen Sünden, denn ich spüre eine Verantwortung vor dir. Und ich weiß, dass du mir hilfst. Ich bin bereit, ein ehrliches Bekenntnis abzulegen, zu beichten. Aber ich bin noch unsicher. Manches bedrückt mich in meiner Seele, weil ich weiß, ich bin schuld daran oder jedenfalls mitschuldig. In manches aber bin ich einfach hineingeraten, hineingeschlittert, ich weiß kaum wie.
Vielleicht war es doch falsch, aber ich sehe nicht genau, warum. Sende mir das Licht deiner Wahrheit, Herr, dass ich alles klar sehe und mir nichts vormache.

Dann gibt es noch Dinge in meinem Leben, die kann ich schlecht beschreiben. Manchmal habe ich einfach Angst. Manchmal bin ich furchtbar traurig, weil ...

Einmal habe ich mich von daheim und von allem weit weg gewünscht. Manchmal bin ich so unzufrieden mit mir selbst, und ich fühle mich fast wie krank ...

So bitte ich dich, mein Gott, heile mich durch diese Beichte. Vergib mir, was meine Schuld ist, und heile mich in meinem Innersten, wo ich mir selbst nicht helfen kann. Hilf mir jetzt zu einer echten Gewissenserforschung.

Sende mir deinen Heiligen Geist, damit ich jede Frage recht verstehen und mein Leben, auch meine Unterlassungen und Sünden, in deinem Licht sehen kann. Dann will ich sie auch ehrlich vor dir und dem Priester bekennen und um Vergebung und Heilung bitten. In dir will ich neu beginnen. Du bist ja unser göttlicher Arzt, unser Heiland.

Herr, heile auch meine Freunde und meine Familie! Segne auch den Priester, der an deiner Stelle mein Bekenntnis hört und mir in deinem Namen die Lossprechung gibt. Gib ihm das Wort, das du mir sagen willst. Amen.

Einer von den Pharisäern, ein Gesetzeslehrer, wollte Jesus auf die Probe stellen und fragte ihn: Meister, welches Gebot im Gesetz ist das wichtigste? Er antwortete ihm:

Du sollst den Herrn, deinen Gott, lieben mit ganzem Herzen, mit ganzer Seele und mit all deinen Gedanken. Das ist das wichtigste und erste Gebot. Ebenso wichtig ist das zweite: Du sollst deinen Nächsten lieben wie dich selbst. An diesen beiden Geboten hängt das ganze Gesetz samt den Propheten.

Mt 22, 35–40

31 del 93

Pregate per me

Lui ci ama

Gewissensspiegel
Die 10 Wegweiser

Die Check-up-Fragen mit dem Spiegel sollen dir helfen, dein Leben vor Gott zu prüfen und einzelne Lebensbereiche abzuchecken. Anhand dieser Fragen kannst du weiterdenken. Wenn du auf etwas stößt, das dein Leben betrifft, kannst du es ins Beichtgespräch bringen.

TIPP Die Tipps sind Anregungen für dich, wie du im alltäglichen Leben die Weisungen Gottes umsetzen kannst.

In den Wochen vor der Beichte ...

Nimm dieses Buch immer wieder in die Hand und lies dir die Einführungen bei jedem Wegweiser aufmerksam durch. Am Anfang des Buches findest du zwei Berichte darüber, wie Menschen die Beichte erlebt haben.
Was du schon immer über den Sinn der Beichte wissen wolltest, findest du am Anfang des Buches auf den Seiten 15 bis 35 (z. B. Die Sache mit der Sünde, Gott rettet, Beichte – eine neue Chance).
Beachte besonders das Kapitel über das Gewissen auf den Seiten 36/37.

In den Tagen vor der Beichte ...

... solltest du dich einmal ganz in dein Zimmer zurückziehen oder an einen Ort, wo du ungestört nachdenken kannst. Ein Bild von Jesus oder ein Kreuz können dir helfen, auf Jesus zu schauen. Bitte ihn von Herzen um seinen Heiligen Geist, dass du dein Leben mit seinen Augen sehen kannst (Gebet vor der Gewissenserforschung, S. 44).
Dann liest du die Check-up-Fragen bei jedem der 10 Wegweiser ab S. 50 genau durch. Hör auf dein Herz – was dich trifft, da will Gott zu dir reden und dir den richtigen Weg zeigen. Vielleicht notierst du dir dies kurz und nimmst es hinein in dein Beichtbekenntnis und in das Gespräch mit dem Priester.

1. MIT GOTT LEBEN

Höre, Israel! Jahwe, unser Gott, Jahwe ist einzig. Darum sollst du den Herrn, deinen Gott, lieben mit ganzem Herzen, mit ganzer Seele und mit ganzer Kraft. Diese Worte sollen auf deinem Herzen geschrieben stehen.

Dtn 6,4–6

Mit Gott zu leben, ist eine großartige Sache. Viele Menschen leben, als ob es Gott nicht gäbe und wundern sich über die innere Leere, die sie spüren. Sie leben in den Tag hinein und letztendlich am Sinn des Lebens vorbei. Was ist der Sinn unseres Lebens?

Wir Menschen sind geschaffen, um mit Gott zusammen zu sein, uns an seiner Liebe zu freuen und sie zu erwidern. Augustinus, einer der größten christlichen Gelehrten und Bischofsgestalten der Geschichte, musste 33 Jahre alt werden, bis er erkannte: Den Sinn unseres Lebens können wir uns nicht selber geben. Augustinus hatte ein ungezügeltes Temperament, das ihn in seiner Jugend zu einem Leben voller Leidenschaft trieb. Zugleich aber erwachte in dem jungen Menschen ein tiefes Verlangen nach Wahrheit. Als er endlich zu Gott fand, erkannte er:

„Du hast uns auf dich hin geschaffen, o Gott, und unruhig ist unser Herz, bis es ruhet in dir.“

Aus seinem Buch „Bekenntnisse“

Auf seinem Weg zu Gott, so schreibt Augustinus, war für ihn Jesus, der menschgewordene Sohn Gottes, die entscheidende Hilfe. „Er rief mich und sprach: Ich bin der Weg und die Wahrheit und das Leben ..." Durch Christus schaute Augustinus in die Tiefen der Liebe Gottes.
„Wo ist da Gott?", fragen viele, wenn sie Menschen – Kinder – leiden sehen unter Ungerechtigkeit, in Kriegen – oder unter Krankheiten. Jesus zeigt uns durch sein Leben und Sterben: Gott ist auf der Seite dieser Leidenden, ja *in* ihnen: Christus selbst wurde in dieser Welt am Kreuz vom Bösen durchbohrt. Er hat sterbend den Menschen vergeben und sein „Blut vergossen zur Vergebung der Sünden". So hat er den Tod besiegt! Die Liebe Gottes ist stärker als Hass und Tod.
Jesus Christus zeigt uns das Herz Gottes des Vaters, voll Rettung und Heil für uns Menschen. Und ER sagt: Geh mit mir!
Gott spricht zu jedem von uns: „Fürchte dich nicht, denn ich habe dich erlöst. Ich habe dich bei deinem Namen gerufen, du gehörst mir" (Jes 43,1).
Wenn wir in unserem Leben alles auf diese eine Karte setzen, kann die Angst unser Leben nicht mehr beherrschen.
Wir wissen: Wir sind in Gottes Hand, wir gehören ihm – er sorgt für uns und rettet uns.

Wahrsagerei

Viele Menschen haben Angst vor der Zukunft und flüchten sich in Wahrsagerei und Okkultismus, statt ihr Vertrauen auf Gott zu setzen. Die Bibel nennt das „Götzendienst“ oder „Abgötterei“. Doch Pendeln und Kartenlegen, Horoskope und Geisterbeschwören verstärken die Angst und Unsicherheit und schaden dem Menschen. Sie bringen uns immer weiter von dem weg, der uns sagt: „Ich will euch eine Zukunft und eine Hoffnung geben“ (Jer 29,11), und: „Vor dem Herrn, deinem Gott, sollst du dich niederwerfen und ihm allein dienen“ (Mt 4,10).

CHECK UP

- Erlaube ich Gott, dass er in meinem Leben den ersten Platz einnimmt?
- Lebe ich so, als ob es Gott nicht gäbe?
- Entscheide ich mich, jeden Tag im Gebet Gott zu suchen, in der Stille auf ihn zu hören und mit ihm zu sprechen, abends und am Morgen?
- Bitte ich täglich Gott, mich in meinem Tun und in meinen Entscheidungen zu lenken?
- Vertraue ich ihm mein Leben und meine Pläne an?
- Rufe ich Jesus an in Zweifeln, Schmerzen, Schuld und Hilflosigkeit? ER ist das Licht in unserem Dunkel.
- Bemühe ich mich, Gott im Glauben besser kennenzulernen? (Religionsunterricht, Hl. Schrift, Predigt, Besinnungstage, persönliche Gespräche mit einem Priester, mit Freunden)
- Habe ich mich auf okkulte Praktiken eingelassen? (Tischerücken, Pendeln, Tarotkarten, Horoskope, Handlesen, Wahrsagerei, Magie)
- Beschäftige ich mich mit Material (Filme, Videos, Bücher), die solche Praktiken verherrlichen?

TIPP Halte manchmal im Lauf des Tages inne, lade Jesus in dein Herz ein und bitte ihn, darin zu wohnen.

1. Gebot Du sollst keine anderen Götter neben mir haben.

2. »GEHEILIGT WERDE DEIN NAME«

Gott ist der Schöpfer des Alls und der Menschen. Seine Liebe und Allmacht sind so groß, dass wir sie uns nicht vorstellen können.
Die Bibel sagt, er ist „heilig". Doch er hat uns Menschen seinen Namen gesagt: Jesus, „Gott rettet". Wenn Gott uns seinen Namen sagt, ist das ein Zeichen seiner Liebe und Freundschaft zu uns. Mit Jesus dürfen wir zu Gott „Abba, Vater" sagen. „Jeder, der den Namen des Herrn anruft, wird gerettet werden" (Röm 10,13), so sagt uns die Bibel. Wer aber diesen heiligen Namen des Herrn missbraucht, der öffnet dem Bösen und der Zerstörung die Tür in seinem Leben.

Crucifixus heißt:
„der ans Kreuz Genagelte".

Sakrament heißt:
Zeichen und Werkzeug für die Gnade Christi.

2. Gebot Du sollst den Namen Gottes nicht verunehren!

CHECK UP

- Rufe ich jeden Tag mit Vertrauen den Namen Gottes an? Du kannst sagen: Ich beginne diesen Tag „im Namen des Vaters, des Sohnes und des Heiligen Geistes“. Dabei bezeichnest du dich mit dem Kreuzzeichen. Du bist getauft!
- Gehe ich mit dem Namen Gottes ehrfürchtig um? Äußere ich mich gegen Gott und die Kirche abfällig (witzeln, spotten)?
- Schweige oder lache ich mit, wenn andere sich über Gott und die Kirche lustig machen oder sie beschimpfen?
- Fluche ich unbedacht oder sogar bewusst gegen Gott?
- Sehe ich Filme, Theaterstücke oder lese ich Bücher, in denen Gottes Name oder der Name von Heiligen beschmutzt wird?

TIPP Glauben ist keine Privatsache. Gott gibt jedem Getauften die Kraft, für den Namen Gottes und für den Glauben an ihn persönlich einzutreten. Du kannst mit deinen Freunden über deinen Glauben sprechen.

3. DER SONNTAG – TAG DES HERRN

Wenn wir an Christus glauben, dürfen wir Gott unseren Vater nennen und wir sind seine Kinder. Alle Christen sind daher eine große Familie. Wie ein Baby nicht ohne Familie überleben kann, so kann auch unser Glaube an Gott, unsere Freundschaft mit ihm nicht leben, nicht wachsen und zunehmen ohne die „Familie Gottes", die Kirche. Wer glaubt, alleine Christ sein zu können, macht sich etwas vor. Gott hat uns den Sonntag gegeben, an dem wir gemeinsam Gott feiern („Gottesdienst"), der dann in unserer Mitte ist.

Jesus hat nach seiner Auferstehung versprochen: „Wo zwei oder drei in meinem Namen versammelt sind, da bin ich mitten unter ihnen" (Mt 18,20).

Ein Christ ohne Gemeinschaft ist wie eine Kohle, die aus dem Feuer genommen wurde. Die Liebe zu Gott und die Begeisterung für den Glauben kühlen ab, schlimmstenfalls erlöschen sie ganz.

Vor allem beim Empfang des Leibes Christi – wenn wir zur Kommunion gehen – sind wir in ihm verbunden. Heilige Kommunion heißt „heilige Gemeinschaft“. Daher ist der Gottesdienst am Sonntag mit unseren „Brüdern und Schwestern“ im Glauben eine absolute Notwendigkeit für jeden Christen.
Wer nicht zum Gottesdienst geht, sondert sich von dieser heiligen Gemeinschaft, der Kommunion, ab. „Sündigen“ heißt ja, sich „absondern“. Wer Gott wirklich begegnen will, wird gerne dorthin gehen.

Der siebte Tag ist ein Ruhetag, dem Herrn, deinem Gott, geweiht.

Ex 20,10

3. Gebot Gedenke, dass du den Sabbat heiligst.

Jesus sagt: „Ich bin der Weinstock, ihr seid die Reben. Wer in mir bleibt und in wem ich bleibe, der bringt reiche Frucht.“ (Joh 15,5)

Der Kirchenvater Justin schrieb im 2. Jahrhundert nach Christus: „Am Sonntag kommen wir alle zusammen, weil er der erste Tag ist, an welchem Gott die Welt erschaffen hat, und weil Jesus Christus, unser Erlöser, an diesem Tag von den Toten auferstanden ist.“

CHECK UP

- Habe ich am Sonntag den Gottesdienst in der Gemeinde mitgefeiert? Oder ist mir alles andere wichtiger als der Gottesdienst? Auch wichtiger als Gott?
- Wie verbringe ich meine Sonntage?
- Suche ich die Freundschaft mit Gott und habe Zeit für ihn? Oder benutze ich den Tag des Herrn nur dazu, mich nach einer Disco-Nacht auszuschlafen?
- Empfange ich die heilige Kommunion aus Gewohnheit oder aus Liebe zu Jesus, der sich mir schenkt?
- Jesus verbindet uns untereinander („Kommunion“): Lebe ich mit einer Gruppe in der Pfarrgemeinde?
- Bemühe ich mich um Frieden und Versöhnung, auch wenn es schwierig ist?

Friede und Versöhnung

Vor dem Empfang der Heiligen Kommunion geben wir uns den Friedensgruß. „Und vergib uns unsere Schuld, wie auch wir vergeben unseren Schuldigern“, so beten wir jedes Mal vor dem Friedensgruß im Vaterunser.
Wenn ich einmal in der Tiefe die Erfahrung gemacht habe, dass Gott mir vergeben hat und mich so annimmt, wie ich bin, kann ich von Herzen auch anderen vergeben.
Manchmal sind wir aber so enttäuscht oder zornig, dass unsere Gefühle da nicht mitgehen können. Dann ist eine Entscheidung nötig, dass ich sage: Ja, ich entscheide mich

jetzt, zu vergeben. Ich will mich nicht für das erlittene Unrecht „rächen", sondern das Urteil über diesen Menschen Gott überlassen. Wer von Wut, Bitterkeit und Enttäuschung nicht loslassen will, den wird Gott nicht dazu zwingen.
Aber du kannst Gott bitten, dass du verzeihen kannst wie er: wahre Vergebung ist Gottes Geschenk! Wenn du deine negativen Gefühle, deine inneren Verwundungen nicht verdrängst, sondern mit in die Beichte bringst, kann Jesus dich heilen und frei machen. Jesus hat unsere Sünden getragen und sterbend den Menschen vergeben. Er ist unser Friede. Durch seine Wunden finden wir Heilung.

Wort Jesu aus der Bergpredigt:

„Euch aber, die ihr mir zuhört, sage ich: Liebt eure Feinde; tut denen Gutes, die euch hassen. Segnet die, die euch verfluchen; betet für die, die euch misshandeln“ (Lk 6,27–28), „... damit ihr Söhne und Töchter eures Vaters im Himmel werdet; denn er lässt seine Sonne aufgehen über Bösen und Guten, und er lässt regnen über Gerechte und Ungerechte“ (Mt 5,45).

4. „EHRE DEINEN VATER UND DEINE MUTTER,

... damit du lange lebst in dem Land, das der Herr, dein Gott, dir gibt.“ (Ex 20,12)

Durch deinen Vater und deine Mutter hat Gott dir das Leben geschenkt. Damit hat Gott sie an seiner schöpferischen, lebenspendenden Kraft teilhaben lassen. Das ist der erste Grund, Gott für deine Eltern zu danken.
Gott hat dich deinen Eltern anvertraut. Sie tragen für dich Verantwortung. Du bist nicht allein – ein zweiter Grund, „Danke“ zu sagen!
Die Eltern ehren, das heißt: ihnen mit Achtung und Respekt zu begegnen. Wenn du auf sie hörst, „gehorsam“ bist, ehrst du damit auch Gott, der sie dir als Helfer gegeben hat.
Das 4. Gebot sagt uns: Wer seine Eltern liebt, der hat die besten Voraussetzungen, um selber glücklich zu werden. Wer seinen Eltern schadet, schadet sich selbst.
Eltern machen Fehler. Wenn sie versagen, bringe deine Eltern im Gebet vor Gott. Gott weiß um deinen Schmerz. Er ist unser Vater und steht uns bei.

CHECK UP

- Achte und liebe ich meine Eltern? Zeige ich meine Dankbarkeit in Taten?
- Bete ich für meine Eltern, danke ich Gott für sie?
- Versuche ich – besonders bei Meinungsverschiedenheiten – die Gedanken und Sorgen meiner Eltern zu verstehen? Sehe ich in ihnen eine Hilfe, die Gott mir gibt? Bin ich gehorsam?
- Oder bin ich zu meinen Eltern frech und verletzend, in Gedanken, Worten und Taten?
- Bin ich innerhalb der Familie blind und egoistisch? Will ich nur meinen eigenen Willen durchsetzen? Drücke ich mich vor Aufgaben in der Familie?
- Das Familienleben ist schön durch die gegenseitige Liebe. Wie lebe ich mit meinen Geschwistern? Bin ich gut gewesen? Oder habe ich sie (sehr) enttäuscht?

TIPP Frag mal deinen Vater, deine Mutter, was ihnen guttun würde, und versuche, das zu erfüllen.

Wort aus der Bibel:
„Wer den Vater ehrt, erlangt Verzeihung der Sünden, und wer seine Mutter achtet, gleicht einem Menschen, der Schätze sammelt."

Sir 3,3–4

Lies in der Bibel Jesus Sirach, Kapitel 3, Verse 1–16.

5. DU SOLLST NICHT TÖTEN –

... liebe deinen Nächsten wie dich selbst!

Er war der letzte Überlebende: Nach zwei Wochen im Hungerbunker beendeten die Nazis Pater Maximilian Kolbes Leben am 14. August 1941 mit einer Phenolspritze. Der katholische Priester hatte sich bereit erklärt, anstatt eines Familienvaters in den Tod zu gehen. Während seine Kameraden an seiner Seite verhungerten, stand er ihnen bei. Selber völlig entkräftet und ausgemergelt, betete er mit ihnen und sang Loblieder für Gott bis zuletzt.
In der Lebensgeschichte von Pater Kolbe erfahren wir, was das Gegenteil von Egoismus ist. Wir sehen, was die Liebe Christi in einem Menschen bewirken kann. Pater Maximilian Kolbes Tat war ein großartiges Zeugnis der Liebe Gottes in einer finsteren und grausamen Zeit. Er wurde dafür heiliggesprochen.
Auch in kleinen Dingen des Alltags kann uns Christus lehren, unsere Mitmenschen zu lieben.

„Lasst uns täglich geben: ein gutes Wort, ein Lächeln, eine tatkräftige Hilfe."

Mutter Teresa

„Was ihr für einen meiner geringsten Brüder getan habt, das habt ihr mir getan." (Mt 25,40)

CHECK UP

- Helfe ich meinem Nächsten, wo ich kann? Oder erwarte ich nur von anderen etwas?
- Habe ich jemanden in seiner Not allein gelassen?
- Bin ich bereit zu teilen? Gebe ich von meiner Zeit, meinem Geld und meinen Sachen etwas für jene Menschen in nah und fern, die in Not sind?
- Wie verhalte ich mich gegen Fremde und Menschen, die ganz anders sind?
- Habe ich andere körperlich oder seelisch verletzt?
- Habe ich ein ungeborenes Kind in meinem Körper töten lassen? Bin ich zu einer Abtreibung gedrängt worden? Oder habe ich anderen dazu geraten oder sie dazu gedrängt? (Vgl. S. 66)
- Habe ich im Straßenverkehr andere oder mich selbst gefährdet?
- Finde ich Gefallen an Brutalität (Videos, Computerspiele, TV)?
- Habe ich einen anderen verleitet, Böses zu tun? Bringe ich Menschen gegeneinander auf?

Das Kind,
die Frucht der Liebe,

ist vom ersten Augenblick seiner Empfängnis im Mutterleib an unantastbar. Gottes Liebe hat einen neuen Menschen ins Dasein gerufen.

Wenn du als Mädchen schwanger wirst, darfst du auch unter schwierigen Umständen „guter Hoffnung" sein: Gott, der der Herr dieses neuen Menschen in dir ist, hält seine Hand über euch. Wenn du der Vater dieses Kindes bist, steh dem Mädchen bei in deiner Verantwortung vor Gott! Geht zum Priester und dann zu einer kirchlichen Beratungsstelle, in der euch geholfen und ein guter Weg geebnet wird.

Telefonseelsorge zu jeder Zeit, von jedem Ort, kostenfrei unter 0800/111 0 222
Schwangerschaftsberatungsstellen findest du auch im Internet unter www.caritas.de und www.skf-zentrale.de

6. MANN UND FRAU – ABBILD GOTTES

Über die Liebe von Mann und Frau wird viel gesprochen. Entscheidend ist dabei das Wort, das Gott zu uns Christen gesagt hat: „Gott schuf den Menschen als sein Abbild. Als Mann und Frau schuf er sie“ (Gen 1,27).
Der Mann ist mit Leib und Seele ein besonderes Abbild der Liebe Gottes. Die Frau ist mit Leib und Seele ein besonderes Abbild der Liebe Gottes.
Die Liebe zwischen Mann und Frau reicht tief in das Geheimnis der Liebe des dreieinigen Gottes hinein. Wenn Jungen und Mädchen eine Zuneigung zueinander spüren, sind sie schon von diesem Geheimnis der Liebe Gottes berührt.

Bei der Hochzeit sagen Mann und Frau ganz Ja zueinander für ihr ganzes Leben, „bis dass der Tod sie scheidet". Ausdruck für dieses „Ja" ist die körperliche Vereinigung von Mann und Frau, in der ein Kind gezeugt werden kann, das Heimat, das Vater und Mutter braucht.
Die eheliche Liebe ist ein Abbild der Liebe Gottes, die nie endet. Die Ehe ist daher „heilig", ein „Sakrament", unauflöslich. Christus ist das Band der Liebe. Er hilft zur Gemeinschaft und zur Versöhnung, zur Treue, auch zum Opfer, ohne das Ehe und Familie nicht gelebt werden können.

Wie sollen Jugendliche mit ihrer Sehnsucht nacheinander umgehen, bis sie reif sind, vor dem Altar für immer „Ja" zueinander zu sagen?
Ein bewährter und gottgefälliger Rat für Jugendliche ist: Warten lernen. Man muss reif werden für die Liebe, die bleibt. Wenn man eine Knospe zu früh gewaltsam öffnet, schadet dies der Blüte und letztlich der Frucht. So ist es auch oft mit zu frühen Freundschaften zwischen Jungen und Mädchen.

TIPP Du kannst mit einem Menschen (z. B. einem Priester), der an Jesus Christus glaubt, über all diese Dinge sprechen.
Du kannst für den Menschen, zu dem Gott dir eine Zuneigung geschenkt, beten. Das verbindet euch ganz tief miteinander.
Du kannst deine Liebe zu einem Menschen in die Hand Gottes legen und ihn darum bitten, dass er euch den richtigen Weg führt. Möchtest du das?

„True love waits“, so heißt eine internationale Initiative von jungen Menschen, die mit der körperlichen Hingabe, mit dem „Ein Fleisch“-Werden von Mann und Frau (Mk 10,8) warten wollen bis zum Bund der Ehe. Durch Christus wird der Weg der Enthaltsamkeit möglich. Bete zu ihm: *Herr, du in mir und ich in dir! Mach mich frei für deine Liebe!*

„Verherrlicht Gott in eurem Leib!“ (1 Kor 6,20)

Homosexualität

Gott hat Mann und Frau füreinander geschaffen, nicht den Mann für den Mann oder die Frau für die Frau. Die Anschauung, dass homosexuell veranlagte Menschen wie Mann und Frau zusammenleben können, ist nicht der Weg, den Gott uns durch Jesus Christus gezeigt hat. Erkenne ich diese Wahrheit an? Spreche ich mit einem Seelsorger darüber?

CHECK UP

- Danke ich Gott öfter für den Leib von Mann und Frau? Freue ich mich darüber, wie er mich erschaffen hat?
- Denke und rede ich mit Achtung und Dankbarkeit über die Liebe zwischen Mann und Frau, die sich einander mit Leib und Seele schenken können?

- Erkenne ich an, dass Gott das geschlechtliche Leben für die Ehe bestimmt hat, und bin ich deshalb bereit zu warten (Verantwortung füreinander und für ein Kind)?
- Geschlechtliche Enthaltsamkeit wird durch Verzicht möglich. Ich bete: Vater, mach mich frei durch den Heiligen Geist.
- Die Liebe kennt auf dem Weg Grenzen und möchte sie einhalten. Habe ich gespürt, dass ich mit meinen Zärtlichkeiten zu weit gegangen bin?
- Habe ich mit jemandem „geschlafen" und so die eheliche Vereinigung vorweggenommen?
- Habe ich bewusst andere verführt? Habe ich mich in etwas Falsches, Verfrühtes hineinziehen lassen?
- Lasse ich mich zu schmutzigen Witzen oder zum Anschauen von Heften, Internetseiten oder Pornofilmen hinreißen, die den anderen zum bloßen Lustobjekt machen?
- Habe ich als Christ den Mut, unsauberen Reden oder auch falschen Anschauungen mit meiner Überzeugung klar entgegenzutreten?

6. Gebot Du sollst nicht ehebrechen.

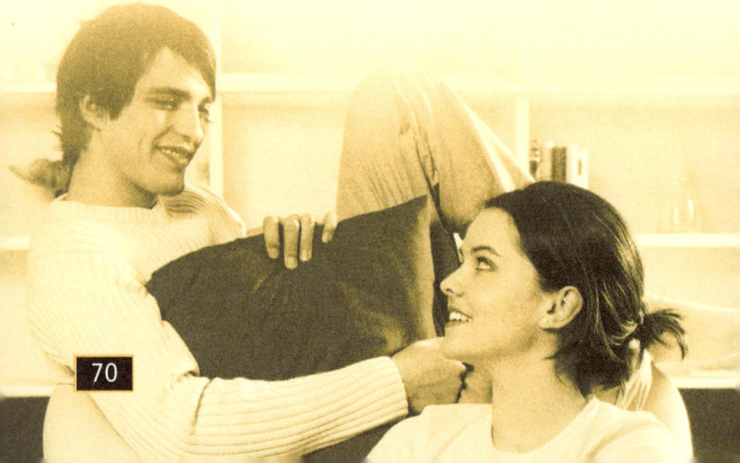

7. EIGENTUM – DU SOLLST NICHT STEHLEN

Ein schickes Kleid oder ein tolles Fahrrad zu besitzen, macht Spaß. Doch stell dir vor: dir wird dein Fahrrad gestohlen, für das du vielleicht sogar lange gearbeitet hast. Das tut weh. Es ist ein Unrecht. Dass einer das Eigentum des anderen achtet, ist die Voraussetzung für unser menschliches Miteinander. Das 7. Gebot Gottes sagt uns: „Du sollst nicht stehlen." Das gilt auch für die kleinsten Dinge. Die Übertretung dieses Gebotes zerstört den Frieden.
Grauenhafte Kriege sind schon dadurch entstanden, dass ein Volk das Eigentum des anderen an sich reißen wollte. Das 7. Gebot beinhaltet auch die Weisung, dass unter den Menschen das Eigentum gerecht verteilt wird. Wenn z. B. 20% der Bevölkerung einer Nation Südamerikas 80% des Landes besitzen und deshalb 80% der Menschen dort Not leiden, ist das eine Missachtung des 7. Gebotes.
Die Frage nach der Gerechtigkeit geht jeden von uns persönlich an. Jesus sagt uns das Wort: „Wer zwei Gewänder hat, der gebe eines davon dem, der keines hat, und wer zu essen hat, der handle ebenso" (Lk 3,11).

Eine solche Haltung, die Jesus uns hier bewusst vorstellt, spiegelt eine gewisse Gelassenheit wider: Die Gelassenheit eines Menschen, der nicht an seinem Besitz klebt, weil er weiß: Alles, was ich habe, ist mir von Gott geschenkt. Ich danke ihm dafür! Am Ende meines Lebens kann ich nichts mitnehmen. Wenn ich teile und andere beschenke, sammle ich mir „Schätze im Himmel, wo weder Motte noch Wurm sie zerstören" (Mt 6,20).

Der hl. Martin teilt seinen Mantel mit einem Armen.

Stellt euch auf die Seite der Armen. Setzt euch besonders für jene ein, deren Rechte am meisten verletzt werden.

Papst Johannes Paul II.

CHECK UP

- Habe ich fremdes Eigentum mit Absicht beschädigt (z. B. Klassenzimmer)? Habe ich den Schaden wiedergutgemacht?
- Habe ich etwas gefunden oder geliehen und es nicht mehr zurückgegeben?
- Habe ich gestohlen? Habe ich es wieder zurückgegeben oder wiedergutgemacht?
- Muss ich unbedingt alles haben, was mir gefällt – oder was der andere hat? Fühle ich mich sonst minderwertig?
- Schaue ich auf andere herab, weil sie sich vieles nicht leisten können?
- Teile ich gerne?
- Setze ich mich für eine gerechte Güterverteilung ein? (Spenden für die großen Hilfswerke der Kirche Misereor, Adveniat, Missio, Caritas/Politisches Engagement)
- Gehe ich sorgfältig und verantwortungsvoll mit der Schöpfung um, die Gott der Menschheit anvertraut hat? (Wasser, Lebensmittel, Energie, Pflanzen, Tiere)

TIPP Teile einmal in der Woche mit jemandem deine Zeit, deine CDs, deinen PC, deine Lieblingssachen. Gib etwas von deinem Taschengeld für Menschen in Not.

8. WAHRHEIT

Wie schön ist es, wenn du dich bei einem Menschen darauf verlassen kannst, dass er die Wahrheit sagt – auch wenn es für ihn schwer ist. Echte Freunde machen sich gegenseitig nichts vor, sie helfen einander durch die Wahrheit.

In unserer „pluralen Gesellschaft" mit ihrer Vielfalt von Weltanschauungen und Lebensentwürfen herrscht große Verwirrung darüber, was Wahrheit ist, und ob es sie wirklich gibt.

„Was ist Wahrheit?“, fragen heute viele Leute wie damals Pilatus, und behaupten, es sei doch sowieso alles relativ und von der Sicht des Betrachters abhängig.
Doch Jesus hat zu seinen Jüngern gesagt: „Ich bin die Wahrheit“ (vgl. Joh 14,6).
Er ist die Quelle der Wahrheit.

Wo wir uns um die Wahrheit bemühen, hat Jesus Platz bei uns. Jeder Christ hat die Aufgabe, in der Wahrheit zu leben und sie zu bezeugen. Diese Aufgabe kann uns viel kosten. Christus hat sein Leben für die Wahrheit hingegeben. Vor seinem Richter Pilatus erklärt er:
„Ich bin dazu geboren und dazu in die Welt gekommen, dass ich für die Wahrheit Zeugnis ablege. Jeder, der aus der Wahrheit ist, hört auf meine Stimme“ (Joh 18,37).
Jeder christliche „Märtyrer“ ist ein „Zeuge“ (griechisch „martys“) für die Wahrheit.

Wer die Wahrheit sucht, der sucht Gott, ob es ihm klar ist oder nicht.

Edith Stein

CHECK UP

- Wie gehe ich mit der Wahrheit um? Ist mir die Wahrheit heilig?
- Bemühe ich mich um die Wahrheit ohne Angst vor Kritik und Ablehnung – im Vertrauen auf Gott?
- Belüge oder täusche ich durch mein Reden und Handeln andere? Aus Angst? Um einen Vorteil zu haben? Setze ich eine Maske auf?
- Schmeichle ich dem anderen, auch wenn er eine falsche Haltung hat? Vielleicht, weil ich gut dastehen will?
- Übertreibe ich die Fehler anderer? Schiebe ich meine Schuld auf andere?
- Mache ich andere schlecht? Lästere ich über Abwesende?
- Missbrauche ich das Vertrauen anderer?
- Glaube ich ungeprüft alles, was die Medien sagen (Werbung, Sensationen)? Verwechsle ich die TV-Scheinwelt mit der Realität?

TIPP Sage die Wahrheit, und du wirst eine große Freiheit spüren!

8. Gebot Du sollst kein falsches Zeugnis geben wider deinen Nächsten.

9. MEIN LEBEN IN SCHULE UND ARBEIT

Schule, Hausaufgaben, Notendruck ... Wie gerne gehst du zur Schule? Wie viel ist dir die Schule wert? Schau ein schönes großes Haus an: Etwas sehr wichtiges von diesem Haus siehst du nicht. Es ist unter der Erde und heißt „Grundmauer". Ohne eine solide Grundmauer bekommen Häuser Risse und können einstürzen.
Schule und Ausbildung sind so viel wert wie die Grundmauern eines Hauses. Deine ganze berufliche Zukunft und dein Leben bauen darauf auf.

Gott hat dir viele Fähigkeiten gegeben, die teilweise noch in dir schlummern. Er möchte, dass du all deine Gaben entdeckst und entfaltest. Wenn jeder an seinem Platz seine Aufgabe erfüllt, die ihm Gott gibt, wird das Zusammenleben schön. Du wirst einen einzigartigen Beitrag dazu leisten.

Lernen und Ausbildung sind allerdings anstrengend und mit vielen Mühen verbunden, auch mit Verzicht. Aber es lohnt sich: Das Gute hat seinen Preis. Wer z. B. eine Lehre macht und ein guter Schreiner wird, kann ein Wohnzimmer so einrichten, dass sich eine Familie ein Leben lang darin wohlfühlt. Gott hat gute Gedanken für dein Leben. ER sagt zu dir: „Ich will dich segnen, und du sollst ein Segen für andere sein" (vgl. Gen 12,2).

Nicht an der Menge unserer Arbeit hat Gott Freude, sondern an der Liebe, mit der wir arbeiten.

Franz von Sales

CHECK UP

- Bemühe ich mich, meine Fähigkeiten, die mir Gott gegeben hat, zu entfalten? Bin ich fleißig?
- Viele Menschen haben keine Chance, eine Ausbildung zu machen. Bin ich dankbar, dass ich lernen und studieren darf?
- Bin ich in der Schule, bei den Hausaufgaben oder während der Arbeit schlampig oder missmutig? Bemühe ich mich, das Schwere, das ich in Schule und Arbeit zu meistern habe, entschieden durchzustehen? Gebe ich leicht auf?

- Lehrer und Vorgesetzte sind mir als Hilfe für mein Leben gegeben. Begegne ich ihnen mit Achtung und Bereitschaft? Ärgere ich absichtlich Kameraden, Lehrer, Vorgesetzte?
- Wie erfülle ich meine Pflichten? Halte ich Ordnung?
- In der Schule und auch in einem Betrieb wird viel geredet. Du hörst viele Meinungen zu Themen wie Freundschaft, Ehe, Scheidung, Geld und Freizeit, Papst und Kirche ... Übernehme ich gedankenlos die Meinung anderer oder bilde ich mir als Christ ein eigenes Urteil? Vertrete ich auch diese Überzeugung?

TIPP Spring in die Bresche, wenn du siehst, dass ein anderer Hilfe braucht.

10. SELBSTLOSIGKEIT UND SELBSTBEHERRSCHUNG

Ein Blick in den Spiegel – und du siehst jemanden, den es nur ein einziges Mal auf der Welt gibt: DICH!

Du hast vielleicht die Haarfarbe oder die Augen von deinen Eltern geerbt, aber als ganze Person bist du einzigartig – dein Charakter, dein Innerstes, deine „Seele“ sind einzigartig. Du bist ein einmaliger Gedanke Gottes!

Wie ein glitzernder, klarer Kristall ist unsere Seele, in dem sich das Licht Gottes bricht. Das sagt Teresa von Ávila, eine große Heilige des Mittelalters. Unsere Seele ist schön – und dazu da, Gottes Licht in sich aufzunehmen und auszustrahlen. Teresa vergleicht die Seele auch mit einem klaren Spiegel, in dem sich das Gesicht Jesu Christi widerspiegelt.

Doch dieser Spiegel kann verschmutzt sein und blind werden, so dass er immer weniger von dem reflektieren kann, was Gott der Seele

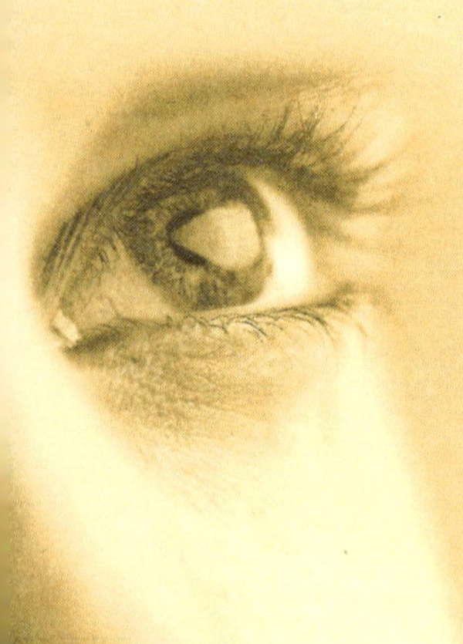

gibt, und was ihre wahre Bestimmung ist: Liebe, Freude, Friede, Geduld, Freundlichkeit, Güte, Treue, Sanftmut, Selbstbeherrschung (vgl. Paulus in seinem Brief an die Galater 5,22–23).

Wenn du ehrlich zu dir selber bist, siehst du immer wieder, dass der Spiegel deiner Seele nicht klar, möglicherweise verschmutzt ist: Eigentlich willst du das Gute tun, aber stattdessen bist du eifersüchtig, jähzornig, geizig, unzüchtig, unbeherrscht, boshaft, schadenfroh, rücksichtslos, streitsüchtig, neidisch (vgl. Gal 5,19–20), mit einem Wort: egoistisch.

Buße tun heißt versuchen, den Egoismus zu überwinden, vom Ich-Menschen zum Du-Menschen zu werden – nicht aus eigener Kraft, sondern mit der Hilfe des Heiligen Geistes Gottes. ER ist es, der uns verändert zum Guten, der uns „heiligt". Also, tu nicht nur etwas für dein Make-up und die Frisur, sondern nimm dir Zeit für Gott – damit er deine Seele schön machen kann!

Alles, was aufgedeckt ist, wird vom Licht erleuchtet.

Eph 5,13

CHECK UP

- Danke ich Gott dafür, dass ich einzigartig und in seinen Augen unendlich wertvoll bin?
- Danke ich ihm für alle kostbaren Eigenschaften, die er in mich hineingelegt hat?
- Kämpfe ich gegen meine Fehler und Schwächen?
- Gestehe ich mir eigene Fehler ein? Bin ich bereit, anderen gegenüber Fehler zuzugeben?
- Achte ich auf meinen Körper (rechtzeitige Nachtruhe, Sport, frische Luft)? Oder lasse ich mich gehen? Ernähre ich mich richtig? Esse ich zu viel oder zu wenig?
- Bin ich süchtig (Zigaretten, Alkohol, Drogen, TV, Internet, Spiele)? Tue ich etwas dagegen, lasse ich mir helfen?
- Kann ich mich in eine Gruppe eingliedern? Unterdrücke ich andere? Muss ich immer den Ton angeben? Habe ich den Mut, meine Überzeugung zu vertreten?
- Bin ich eitel? Gebe ich gerne an?
- Bin ich neidisch, zornig, geizig, eifersüchtig?

Der heilige Augustinus sagte:
Unser Herz ist „in sich gekrümmt“, es ist auf sich selbst bezogen und nicht offen für das Du. Die Kirche nennt diesen Zustand, der alle Menschen betrifft, „Erbsünde“.

Tipps zum Beichten und Beten

Der Mensch bringt täglich
sein Haar in Ordnung.
Warum nicht auch sein Herz?

Altindische Weisheit

Ich danke dir, Herr Jesus Christ,
dass du für mich gestorben bist.
Ach lass dein Blut und deine Pein
für mich ein Quell des Lebens sein.
Amen.

Jesus, Mann der Schmerzen
Am Ölberg von Todesangst gequält
Von Judas verraten
Von den Freunden verlassen
Mit Stricken gefesselt
Von den Soldaten geprügelt
Verlacht und verspottet
Ins Gesicht gespuckt
Zum Tode verurteilt
Mit dem Kreuz beladen
Zusammengebrochen
Ans Kreuz genagelt
Als Verbrecher behandelt
Vom Durst gequält
Voll Liebe bis zum Tod
Für mich gestorben.
Auferstanden zu neuem Leben.

Wir schauen auf Jesus in seinem Leiden. In Gebeten der Kirche hörst du, dass wir durch das Blut Jesu reingewaschen werden von unseren Sünden. Das „Blut" Jesu bedeutet in diesen Gebeten *seine Liebe,* mit der er die Bosheit der Sünde und der ganzen Welt am Kreuz getragen hat. Diese Liebe bis zum Tod ist für jeden Menschen, der zu Jesus aufschaut und seine Schuld bekennt, die Quelle für ein neues, erlöstes Leben.

Gebet vor der Beichte

Gott, es ist wahr:
Ich habe Nein gesagt zu deiner Liebe,
die mich an der Hand nehmen wollte.
Ich war schwach und in mir selbst gefangen.
Ich habe Böses gewollt und es auch getan.
Ich sehne mich nach Vergebung und Frieden.

Mein Herr und mein Gott –
darf ich dich in dieser Stunde beim Namen nennen und
dir vertrauen:
Du „Gott rettet" – du Jesus?
Bitte vergib mir, heile mich.

Denn auch das, Vater, ist wahr:
Dass du mich freisprichst,
weil Jesus sich für mich gefangennehmen ließ.
Dass du mir Leben schenkst,
weil er für mich gestorben ist.

Ich bitte dich:
Schenke mir eine gute Beichte.
Schenke mir einen neuen Anfang in dir.
Segne den Priester,
der in deinem Namen zu mir spricht.
Schenke mir ein neues Herz,
ein neues Leben,
Vorgeschmack der Auferstehung.

Du kannst auch beten:

Gott, himmlischer Vater, ich bin etwas aufgeregt. Meine Gedanken flattern wie Vögel hin und her. Doch du bist ein guter Gott, ich bin nicht allein. Du hast mich immer geliebt. Du rufst mich zum Guten und Schönen. Ich kann mit dir reden. Du hörst mich und verstehst mich. Du siehst, was gut ist in meinem Leben. Du siehst auch, was ich falsch mache und falsch gemacht habe. Aber ich brauche vor dir nicht davonzulaufen. Ich kann dir alles sagen. Ich weiß, du vergibst mir. Vater, du kennst das Gute, das ich getan habe. Aber manchmal bin ich von deinem Weg abgewichen und habe gesündigt. Es tut mir leid. Bitte, verzeih mir! Sprich mich frei durch das Blut deines Sohnes Jesus Christus, durch seine Liebe, mit der er für uns gestorben ist. Hilf mir, dass ich näher zu dir finde und auf dem rechten Weg gehe. Amen.

Beichten – wie geht das?

Du gehst in das Beichtzimmer.

Der Priester begrüßt dich.

Du kannst dein Beichtgespräch so beginnen:
„Im Namen des Vaters und des Sohnes und des Heiligen Geistes".

Der Priester spricht ein Gebet.

Du antwortest: Amen.

Du sagst: Meine letzte Beichte war vor .... Monaten (Jahren). Jetzt bekenne ich in Reue meine Sünden.
Dann sagst du, was du dir vorher überlegt hast.
Alles, was dir noch unklar ist, kannst du mit dem Priester besprechen. Er möchte dir helfen.
Dein Bekenntnis kannst du so beenden: „Ich bitte Gott um Vergebung."

Der Priester wird mit dir überlegen, was wichtig ist für dein weiteres Leben, und er gibt dir ein Bußwerk auf (meist ein Gebet).

Der Priester spricht dich mit diesen Worten im Auftrag Jesu los von deinen Sünden:

„Gott, der barmherzige Vater, hat durch den Tod und die Auferstehung seines Sohnes die Welt mit sich versöhnt und den Heiligen Geist gesandt zur Vergebung der Sünden. Durch den Dienst der Kirche schenke er dir Verzeihung und Frieden. So spreche ich dich los von deinen Sünden im Namen des Vaters und des Sohnes und des Heiligen Geistes."

Du machst dabei das Kreuzzeichen.

Der Priester sagt am Schluss:
Deine Sünden sind dir vergeben, geh hin in Frieden. Gelobt sei Jesus Christus.

Du antwortest: In Ewigkeit! Amen.

Jetzt kannst du gehen. Bleibe noch ein wenig zum stillen Gebet in der Kirche.

Dankgebet nach der Beichte

Du kannst Gott nun mit eigenen Worten oder diesem Gebet danken:

Barmherziger Gott, du hast mir durch den Priester die Sünden vergeben. Ich bin froh darüber, dass ich immer zu dir kommen kann und du mir verzeihst. Ich danke dir für die Auferstehung zu einem neuen Leben!

Du freust dich über alle Menschen, die wie Jesus dein Licht in diese Welt bringen. Ich will dies versuchen. Bleib du mir nahe, gehe du mit mir – dann ist alles gut!

Die Buße

Jetzt überlege dir noch, wie du die auferlegte Buße erfüllen willst. Durch die Buße sollst du Gott zeigen, dass du dich zum Guten ändern willst. Denke auch darüber nach, ob du einen angerichteten Schaden gutmachen musst und ob du dich bei jemandem entschuldigen solltest. Am Schluss betest du ganz andächtig, Wort für Wort, das Vaterunser. Du kannst auch noch die Mutter Gottes grüßen mit den Worten des Engels: „Gegrüßet seist du, Maria, voll der Gnade ..."
Betrachte dabei das Muttergottesbild auf der nächsten Seite.

TIPP

„Der Mensch bringt täglich sein Haar in Ordnung. Warum nicht auch sein Herz?"
(Altindische Weisheit)
Deshalb geh öfter mal beichten. Wir laden dich vor allem vor dem Weihnachtsfest und dem Osterfest dazu ein – oder immer dann, wenn sich dein Gewissen rührt. Oder, besser gesagt:
Es ist Jesus, der dich einlädt!
Du bist ihm herzlich willkommen!

Maria, Mutter Jesu,
du warst jung wie ich
und hast JA gesagt
zu Gottes Weg mit dir.
Mutter Gottes im Himmel,
bitte Gott für mich,
dass auch ich
ganz JA sage
und als Christ lebe,
mit großer Freude
jeden Tag neu
zusammen mit meinen
Brüdern und Schwestern
in der Kirche.

Gegrüßet seist du, Maria,
voll der Gnade,
der Herr ist mit dir.
Du bist gebenedeit
unter den Frauen,
und gebenedeit
ist die Frucht
deines Leibes, Jesus.
Heilige Maria,
Mutter Gottes,
bitte für uns Sünder
jetzt und in der Stunde
unseres Todes.
Amen.

Fotonachweis:

U4, S. 38:	KNA-Bild, Bonn
S. 15:	Flieglmüller
S. 41:	Helmut Münch, Regensburger Pfarrbriefe
S. 46/47:	Kiko Argüello, Rom, Porto San Giorgio
S. 72:	KKM Regensburg
S. 64, 95:	picture-alliance/dpa
S. 94:	Werner H. Müller, Stuttgart

Wir haben uns bemüht, alle Inhaber von Bildrechten in Erfahrung zu bringen. Für zusätzliche Hinweise sind wir dankbar.